LA ENERGÍA DEL VAPOR

Kristy Stark, M.A.Ed.

✳ Smithsonian

Autora contribuyente

Heather Schultz, M.A.

Asesores

Timothy Winkle
Curador de museo, División de Vida Doméstica y Comunitaria
National Museum of American History

Tamieka Grizzle, Ed.D.
Instructora de laboratorio de CTIM de K-5
Escuela primaria Harmony Leland

Stephanie Anastasopoulos, M.Ed.
TOSA, Integración de CTRIAM
Distrito Escolar de Solana Beach

Créditos de publicación

Rachelle Cracchiolo, *M.S.Ed., Editora*
Diana Kenney, M.A.Ed., NBCT, *Realizadora de la serie*
Véronique Bos, *Directora creativa*
Caroline Gasca, M.S.Ed., *Gerenta general de contenido*
Smithsonian Science Education Center

Créditos de imágenes: pág.6 Sheila Terry/Science Source; pág.7 (superior), pág.9 (izquierda), pág.10, pág.13 Science Source; pág.8, pág.11 Look and Learn/Bridgeman Images; pág.9 (derecha) SPL/Science Source; pág.12 (centro) Library of Congress [LC-DIG-nclc-02873]; pág.14 Waterhouse & Dodd, Londres, Reino Unido/Bridgeman Images; pág.15 (superior), pág.16 (derecha) dominio público a través de Wikimedia; pág.15 (inferior) British Library/Science Source; pág.16 (izquierda), pág.18 New York Public Library/Science Source; pág.17 Goddard Automotive/Alamy; pág.20 Clarence O. Becker Archive/Alamy; pág.21 SPL RM Images/Science Source; pág.23 Ed Young/ Science Source; págs.26–27 Hindustan Times/Sipa USA/Newscom; todas las demás imágenes cortesía de iStock y/o Shutterstock.

Library of Congress Cataloging-in-Publication Data

Names: Stark, Kristy, author. | Smithsonian Institution, other.
Title: La energía del vapor / Kristy Stark.
Other titles: Powered by steam. Spanish
Description: Huntington Beach, CA : Teacher Created Materials, [2022] | Includes index. | Audience: Grades 4-6 | Text in Spanish. | Summary: "Believe it or not, water can be used to power boat and train engines. In fact, water in the form of steam changed the manufacturing and transportation industries. Find out about the engineers who made it possible. And explore the ways that steam is now used to generate electricity"-- Provided by publisher.
Identifiers: LCCN 2021044080 (print) | LCCN 2021044081 (ebook) | ISBN 9781087643670 (paperback) | ISBN 9781087644141 (epub)
Subjects: LCSH: Steam-engines--Juvenile literature. | Steam--Juvenile literature. | LCGFT: Informational works.
Classification: LCC TJ467 .S7318 2022 (print) | LCC TJ467 (ebook) | DDC 621.1--dc23/eng/20211004

✦ Smithsonian

Teacher Created Materials

5301 Oceanus Drive
Huntington Beach, CA 92649-1030
www.tcmpub.com
ISBN 978-1-0876-4367-0
©2022 Teacher Created Materials, Inc.

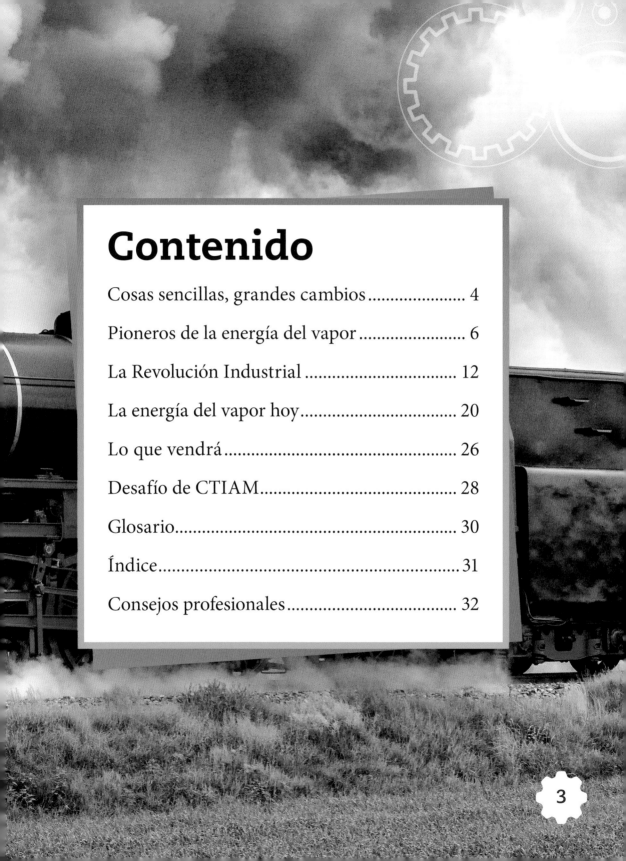

Contenido

Cosas sencillas, grandes cambios

La gente utiliza dispositivos y herramientas que le facilitan la vida. Las computadoras y los teléfonos inteligentes han cambiado nuestra forma de vida. La tecnología nos ha facilitado la vida en muchos sentidos. Pero la tecnología necesita energía.

Al principio, las máquinas eran impulsadas por personas. Más tarde, se utilizaron animales. Pero la cantidad de energía que producían era limitada. A finales del siglo XVII, los científicos y los ingenieros descubrieron que el vapor podía ser utilizado como fuente de energía para impulsar las máquinas nuevas.

Una familia utiliza la tecnología para comunicarse.

Los médicos utilizan herramientas tecnológicas como esta tableta para hacer su trabajo.

El vapor es agua en estado gaseoso. Se produce cuando el agua hierve. Eso ocurre a 100° Celsius (212° Fahrenheit) a nivel del mar. Se produce mucha energía cuando el agua se convierte en vapor. Las personas descubrieron que esa energía podía almacenarse y utilizarse para hacer funcionar máquinas y dispositivos.

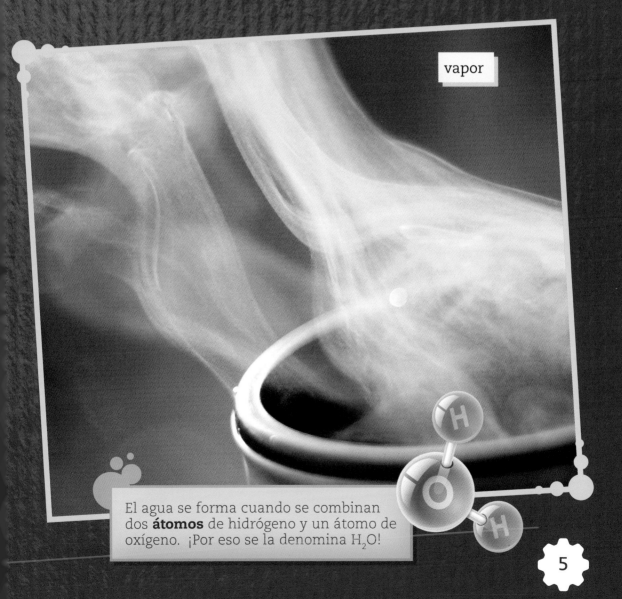

vapor

El agua se forma cuando se combinan dos **átomos** de hidrógeno y un átomo de oxígeno. ¡Por eso se la denomina H_2O!

Pioneros de la energía del vapor

La energía del vapor se utiliza desde hace mucho tiempo. De hecho, ya se usaba en el siglo I. Herón de Alejandría creó un dispositivo que utilizaba vapor para hacer girar una esfera. Pero su dispositivo no hacía mucho más que eso. Servía para entretener a sus amigos.

Hubo grandes avances en la ingeniería del vapor en el siglo XVII. Muchas personas se sintieron atraídas por la ciencia. Desarrollaron nuevas **teorías** y probaron sus ideas.

Herón muestra cómo funciona su dispositivo.

Denis Papin

Denis Papin fue un inventor francés. Estudió las **propiedades** del vapor y del aire. Fue uno de los primeros en darse cuenta de que el aire tenía **materia**. Papin también demostró que un espacio podía no tener materia. Ese espacio se llama vacío. Papin creía que, si el aire tenía materia, podía crear presión, especialmente dentro del vacío. Experimentó con vapor, con aire y con vacío. Quería utilizar esas ideas para construir una máquina.

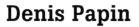

Denis Papin

CIENCIAS

El aire que respiramos

Cuando respiramos, nuestros pulmones se llenan de aire. El aire está hecho de materia. La materia es todo aquello que ocupa espacio y tiene peso. No podemos ver el aire, pero ocupa espacio y tiene peso. ¡Puedes ver eso cuando inflas un globo!

La máquina de Papin utilizaba vapor para crear vacío. Comenzaba por calentar agua para producir vapor. El vapor se almacenaba bajo presión. Esa presión creaba la energía suficiente para mover las partes de la máquina.

Papin pensaba que, algún día, el vapor se utilizaría para impulsar barcos y fábricas. Soñaba con construir una máquina más grande que sirviera para ese fin. Aunque nunca construyó ese dispositivo más grande, preparó el camino para que otros lo hicieran.

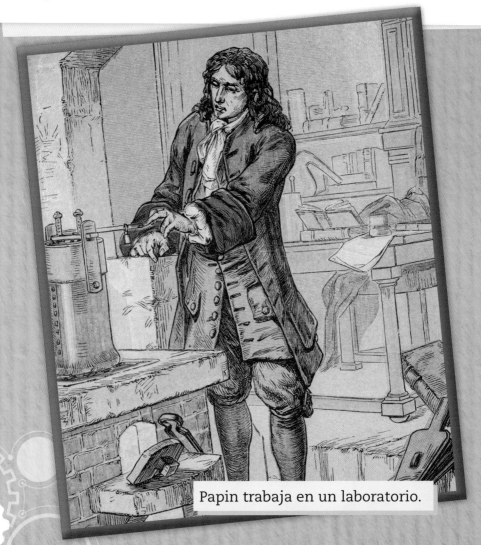

Papin trabaja en un laboratorio.

Thomas Savery

Thomas Savery fue un ingeniero inglés. Construyó una bomba de vapor. La bomba sacaría el agua de las minas de carbón. El agua que entraba en las minas era un gran problema. Los trabajadores no podían llegar hasta donde estaba el carbón.

La bomba calentaba agua en una caldera. Luego, se rociaba el vapor con agua fría en otro recipiente. Eso hacía que el vapor **se condensara**. Al condensarse, el vapor creaba un vacío. El vacío empujaba el agua hacia arriba y hacia fuera de la mina y dejaba al descubierto el preciado carbón y otros minerales.

la máquina de Savery

Savery llamó a su máquina "El amigo de los mineros".

9

Thomas Newcomen

Thomas Newcomen vivió en Inglaterra. Vendía equipos de minería. No quería que las minas se cerraran a causa del agua. Si había menos minas abiertas, él ganaría menos dinero. Y los mineros tendrían menos trabajo.

Newcomen trabajó con un mecánico llamado John Calley. Ellos mejoraron las ideas de Savery y Papin.

Pasaron 10 años trabajando en una máquina de vapor. Su máquina era similar a la de Papin. Utilizaba vapor y agua fría. Condensaba el vapor para crear vacío. La máquina de Papin era impulsada por la presión del vapor. La máquina de Newcomen también utilizaba la presión del vapor. Pero, además, utilizaba la presión del aire alrededor de ciertas piezas. La combinación de presiones hacía que la máquina fuera más potente.

En 1712, la bomba se colocó en el pozo de una mina. Extrajo el agua de la mina profunda. ¡Fue un gran éxito! Newcomen recibió cientos de pedidos de personas que querían comprar su bomba.

la máquina de Newcomen

Un trabajador agrega carbón para calentar el agua en la máquina de Newcomen.

La máquina de Newcomen podía bombear miles de galones de agua por hora.

La Revolución Industrial

En el pasado, las personas fabricaban cosas en sus casas y en pequeños talleres. Hacían sus propias telas y ropas. Cultivaban sus propios alimentos. Utilizaban cualquier herramienta o máquina sencilla que tenían. Luego, comenzó la Revolución Industrial en Gran Bretaña, a fines del siglo XVIII.

Las máquinas podían fabricar los productos más rápido. Las fábricas podían **producir en serie**. La mayoría de las máquinas eran impulsadas por carbón. Gracias a la máquina de vapor de Newcomen, los mineros extraían enormes cantidades de carbón.

Una niña trabaja muchas horas en una fábrica durante la Revolución Industrial.

carbón

12

James Watt

En Escocia, James Watt fabricaba herramientas en una universidad. Un día, en 1764, le llevaron una máquina de vapor para que la reparara. ¡Era una bomba de vapor de Newcomen! Mientras trataba de repararla, Watt encontró maneras de mejorar la máquina. Halló la manera de hacerla más **eficiente**.

Watt rediseñó la máquina para reducir la pérdida de vapor. Descubrió que el agua fría que permitía que el vapor se condensara también enfriaba el **cilindro**. Eso era un problema.

James Watt

TECNOLOGÍA

La fabricación de motores hoy

Las máquinas ayudan a las fábricas de automóviles a producir cientos de motores por día. En primer lugar, se utilizan máquinas para fundir acero y aluminio. Luego, esos metales fundidos se vierten en moldes. Otras máquinas utilizan metales calientes para fabricar las piezas más pequeñas del motor. Luego, unas máquinas recortan y pulen las piezas. Por último, se ensamblan las piezas del motor.

Cuando el cilindro se enfriaba, la máquina perdía vapor. Al haber menos vapor, la máquina perdía potencia. Watt pensó que la pérdida de vapor podía evitarse si el cilindro se mantenía tan caliente como el vapor. Esa idea lo llevó a inventar un condensador separado. Era una segunda cámara donde el vapor podía enfriarse y condensarse. Así, el cilindro se mantenía caliente. Watt puso otra capa de metal alrededor del cilindro para ayudar a mantenerlo caliente. La llamó chaqueta de vapor.

En 1769, Watt obtuvo la patente de su nuevo diseño. Durante los 30 años siguientes, Watt y su empresa fabricaron más de quinientas máquinas de vapor.

Watt siguió construyendo máquinas de vapor. También construyó una máquina de vapor rotativa. Esa máquina accionaba cosas que debían girar. Muchas fábricas utilizaron ese tipo de máquina de vapor.

Los diseños de Watt marcaron el futuro de la tecnología. De hecho, Watt es conocido como el maestro de la máquina de vapor.

Watt juega con el vapor de una tetera en su infancia.

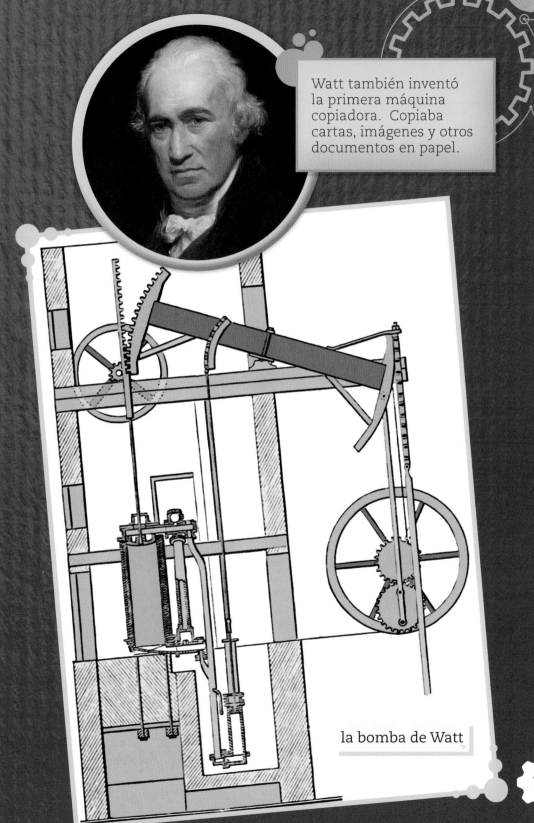

Watt también inventó la primera máquina copiadora. Copiaba cartas, imágenes y otros documentos en papel.

la bomba de Watt

Richard Trevithick

Richard Trevithick fue un científico que utilizó las ideas de Watt. Construyó una máquina que utilizaba vapor a alta presión. El vapor se expandía en el cilindro. Creaba una gran cantidad de potencia. Para evitar explosiones, Trevithick utilizó una caldera con paredes gruesas. Las paredes debían resistir la alta presión.

Trevithick descubrió que su motor no necesitaba usar vacío. Unió la varilla del **pistón** a la rueda o a la bomba. El motor no necesitaba condensar el vapor. El vapor se filtraba hacia fuera.

El motor tenía mucha potencia. Impulsaba un carruaje para dar paseos por Londres. En 1801, llevó a sus primeros pasajeros. Dos años más tarde, Trevithick construyó otra máquina de vapor.

En 1804, Trevithick construyó la primera locomotora de vapor que funcionaba sobre rieles. Conectó una fábrica de hierro con un canal para poder transportar los materiales por agua. Antes de esto, el hierro o el carbón de las fábricas se trasladaban en carros tirados por personas o por caballos. Las máquinas de Trevithick abrieron el camino a las locomotoras de vapor.

la máquina de Trevithick

Richard Trevithick

Esta recreación muestra cómo era el carro de vapor de Trevithick.

INGENIERÍA

Proceso del diseño de ingeniería

Los ingenieros, como Trevithick y Watt, trabajan para resolver problemas. A menudo se basan en el trabajo de otras personas. Descubren lo que funciona y lo que no funciona. Consideran cuidadosamente cómo mejorar las ideas. Los ingenieros siguen cinco pasos básicos a la hora de diseñar:

1. definir el problema
2. investigar y pensar ideas
3. diseñar y construir
4. probar y mejorar
5. reflexionar y compartir

17

Robert Fulton

Pronto surgió la idea de usar máquinas de vapor para impulsar barcos. Un estadounidense llamado Robert Fulton trabajó con ese objetivo. Fulton no fue el primero en construir un barco de vapor. Se basó en el trabajo de John Fitch, que hizo un pequeño barco de vapor que hacía mover una docena de remos.

Fulton diseñó un barco de vapor que utilizaba la máquina de Watt. Creía que la máquina podía hacer algo más que impulsar molinos y bombas. Pensaba que los barcos de vapor podrían transportar mercancías por los ríos.

En 1807, su visión se hizo realidad. El barco de vapor de Fulton fue bautizado Clermont. Llevó mercancías por el río Hudson desde la ciudad de Nueva York hasta Albany. El barco iba a unos 8 kilómetros (5 millas) por hora río arriba. Llevar las mercancías por zonas empinadas llevaba mucho más tiempo. Pronto, los barcos de Fulton navegaban por seis grandes ríos de Estados Unidos. Los barcos de vapor fueron muy importantes para el comercio mundial. También ayudaron a explorar Estados Unidos y contribuyeron a la expansión del país.

ilustración de la máquina de vapor de Fulton

grabado coloreado del Clermont, 1807

ARTE

El arte del diseño

Antes de construir, los ingenieros hacen dibujos detallados. Los dibujos incluyen las medidas exactas de lo que se va a construir. Muestran dónde irán las piezas y cómo encajarán entre sí. A veces, los dibujos permiten a los ingenieros darse cuenta de que su idea no funcionará como habían pensado. Cuando eso sucede, deben volver atrás y cambiar su diseño.

la ruta del Clermont por el río Hudson

La energía del vapor hoy

En una época, el vapor fue la principal fuente de energía de los motores. Las máquinas de vapor se alimentaban con carbón. Pero el aire se contaminó porque se quemaba demasiado carbón. Pronto, hubo menos carbón. Los inventores y los ingenieros crearon motores que funcionaban con gasolina. También encontraron nuevos métodos, como la energía nuclear y la electricidad. Muchos de esos recursos contaminan menos que el carbón. Hoy en día, el vapor se utiliza principalmente para producir electricidad.

El carbón se sigue utilizando para producir alrededor de un tercio de la electricidad en Estados Unidos.

Un tren funciona con vapor producido por la quema de carbón.

Generar electricidad

El vapor influye en la vida cotidiana de la mayoría de las personas. Se utiliza para hacer funcionar los generadores que llevan electricidad a los hogares, las escuelas y los comercios. El vapor se utiliza de forma similar a como se usaba antes para hacer funcionar los molinos y las bombas. Primero, el agua se calienta con un gas o alguna otra fuente, como la energía solar. Luego, el agua se convierte en vapor en una caldera. Por último, el vapor se bombea a una turbina de vapor.

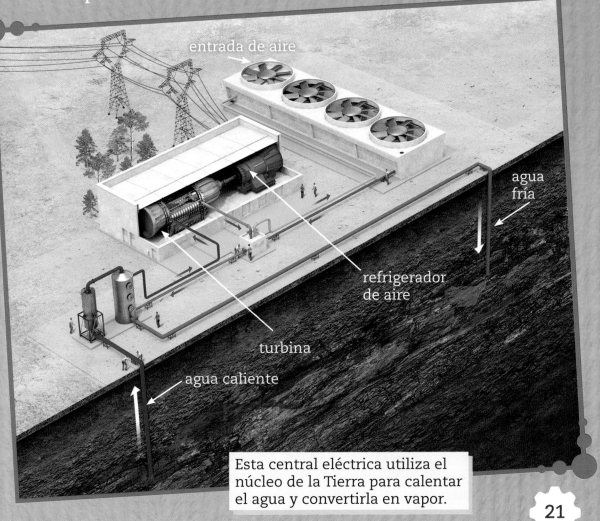

entrada de aire

agua fría

refrigerador de aire

turbina

agua caliente

Esta central eléctrica utiliza el núcleo de la Tierra para calentar el agua y convertirla en vapor.

El movimiento del vapor hace girar las paletas de la turbina. La turbina hace girar el generador. La energía del generador impulsa las cargas eléctricas. Así se obtiene energía utilizable.

Luego, el vapor que se utilizó se enfría. Se libera al aire. No contamina porque solo es agua en forma de gas. Es probable que el vapor siga usándose para producir electricidad durante muchos años más.

Recuperar la pérdida de calor

El vapor no solo se utiliza para producir electricidad en tierra firme. También se usa para generar energía en los grandes barcos. La mayoría de los cruceros utilizan turbinas de gas. Esas turbinas proporcionan la mayor parte de la energía que usan los barcos. Pero las turbinas de gas pierden mucho calor mientras trabajan. Por eso, los barcos también tienen turbinas de vapor. Las turbinas de vapor utilizan el calor que proviene del **escape** de la turbina de gas.

Este proceso permite transformar más energía en electricidad. Se utiliza para calentar el agua y hacer funcionar el aire acondicionado en los barcos. ¡La energía generada por las turbinas de vapor ayuda a que los pasajeros se sientan más cómodos a bordo!

tubos de escape de un crucero

Un ingeniero mide una turbina.

MATEMÁTICAS

Medir la potencia

La electricidad se mide en unidades de potencia. Son las tasas a las que se utiliza o se produce la energía. El vatio (W) es la unidad principal. Un kilovatio (kW) equivale a 1,000 W. Un megavatio (MW) equivale a 1,000 kW. Un gigavatio (GW) equivale a 1,000 MW.

Futuros usos

No solo los barcos pierden calor. Los automóviles pierden calor a través del tubo de escape. Los ingenieros están probando formas de recuperar esa pérdida. Esperan poder utilizarla para hacer funcionar automóviles algún día.

Los ingenieros también están trabajando para construir un motor de gasolina que recoja el vapor. El motor producirá vapor a alta presión. Como Trevithick descubrió hace años, el vapor de alta presión tiene mucha potencia. Los ingenieros planean dirigir el vapor hacia el motor principal. Entonces, el vapor impulsará los pistones. De ese modo, el motor sería un **híbrido** que utilizará la energía del vapor y de la gasolina.

Los expertos también esperan utilizar este concepto en los camiones de reparto de alimentos. Esos camiones tienen unidades de refrigeración. Las unidades mantienen los alimentos fríos hasta que se entregan en las tiendas. La máquina de vapor híbrida podría ayudar a enfriar los camiones con el calor de los gases de escape.

un camión de reparto refrigerado

motor híbrido a gasolina y eléctrico

POWER CONTROL UNIT

ENGINE

Electricity

GENERATOR

MOTOR

Los ingenieros estiman que casi un tercio de la energía que genera un automóvil se pierde en forma de calor a través del tubo de escape.

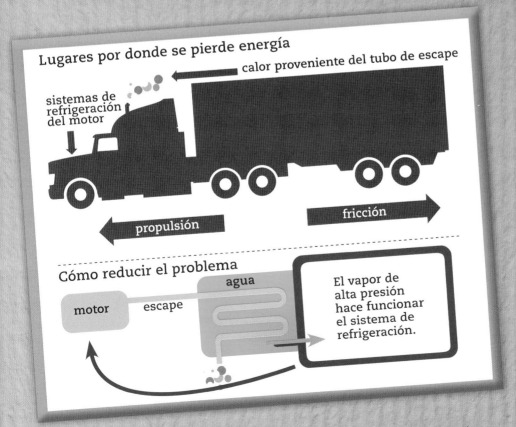

Lugares por donde se pierde energía

calor proveniente del tubo de escape

sistemas de refrigeración del motor

propulsión

fricción

Cómo reducir el problema

motor — escape

agua

El vapor de alta presión hace funcionar el sistema de refrigeración.

Lo que vendrá

Algo tan simple como el vapor ha tenido un gran impacto en los avances de la ingeniería. Pero hay otras formas de impulsar las máquinas. Los ingenieros han descubierto cómo aprovechar la energía del sol. La energía solar sirve para dar electricidad a los hogares y las oficinas. Los ingenieros también han encontrado maneras de utilizar el agua para proporcionar energía. La gran fuerza del agua en movimiento se utiliza para alimentar turbinas de la misma manera en que se utiliza el vapor. La fuerza del viento también se utiliza para generar electricidad.

El vapor, el sol, el agua y el viento están a nuestro alrededor. Todas son cosas sencillas, pero han cambiado la forma de generar electricidad y de utilizarla. ¡No es una tarea fácil!

Entonces, ¿qué cosas sencillas podrían utilizarse en el futuro? Eso es difícil de predecir. Pero los ingenieros siguen teniendo ideas nuevas. Prueban cosas nuevas. Tal vez tú puedas resolver un gran problema algún día. ¡Las posibilidades son infinitas!

Una ingeniera trabaja en una central eléctrica.

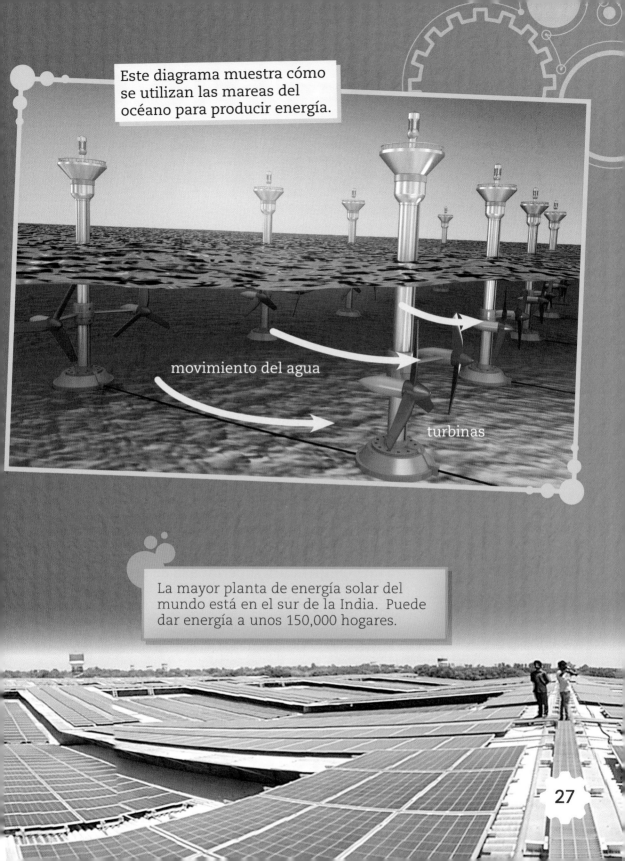

Este diagrama muestra cómo se utilizan las mareas del océano para producir energía.

movimiento del agua

turbinas

La mayor planta de energía solar del mundo está en el sur de la India. Puede dar energía a unos 150,000 hogares.

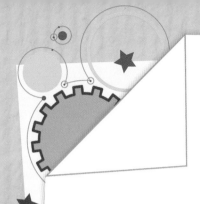

DESAFÍO DE CTIAM

Define el problema

La pérdida de calor puede ser un problema en una máquina de vapor. También puede ser un problema en la vida cotidiana. Tu tarea consiste en modificar el diseño de un recipiente para que pueda mantener caliente el agua por más tiempo que un recipiente normal.

 Limitaciones: No puedes utilizar más de cinco materiales para modificar tu recipiente. El recipiente debe tener $\frac{1}{2}$ litro (aproximadamente 2 tazas) de capacidad.

 Criterios: Después de 10 minutos, tu recipiente modificado debe mantener $\frac{1}{2}$ L (unas 2 tazas) de agua caliente a una temperatura superior a la de un recipiente similar no modificado que tenga la misma cantidad de agua.

Investiga y piensa ideas

¿Cómo puedes limitar la cantidad de calor que pierde el agua con el tiempo? ¿Qué tipo de materiales pueden impedir que el calor se escape?

Diseña y construye

Bosqueja tu diseño. ¿Cuáles son los materiales que mejor funcionarán? ¿Por qué escogiste esos materiales? Modifica el recipiente.

Prueba y mejora

Vierte $\frac{1}{2}$ L (unas 2 tazas) de agua caliente en tu recipiente modificado y la misma cantidad en un recipiente similar pero sin modificar. Mide la temperatura cada 2 minutos durante 10 minutos. ¿Funcionó tu recipiente? Modifica tu diseño y vuelve a intentarlo.

Reflexiona y comparte

¿En qué cambiaría el desafío si quisieras mantener agua fría en lugar de caliente? ¿Cambiarías tu diseño? Explícalo.

Glosario

átomos: las partículas diminutas que forman todo lo que ocupa espacio

cilindro: un tubo dentro del cual se mueve el pistón de un motor

eficiente: capaz de producir los resultados deseados sin desperdiciar materiales, tiempo o energía

escape: una mezcla de gases producida por un motor

gaseoso: en estado de gas

generadores: máquinas que producen electricidad

híbrido: algo que está formado por la combinación de dos o más cosas

materia: algo que forma los objetos físicos y que ocupa espacio

patente: un documento oficial que le da a una persona o empresa el derecho a ser la única que fabrica o vende un producto durante un período determinado

pistón: la parte de un motor que se mueve hacia arriba y hacia abajo dentro de un cilindro

producir en serie: producir grandes cantidades de algo utilizando máquinas

propiedades: características especiales

se condensara: pasara de una forma menos densa a otra más densa, por ejemplo, de estado gaseoso a estado líquido

rotativa: con una parte que gira alrededor de un punto central, como una rueda

teorías: reglas que sirven para explicar los fenómenos científicos

turbina: un motor con paletas que giran, impulsadas por la presión del agua, el vapor o el aire

Índice

CONSEJOS PROFESIONALES
del Smithsonian

¿Quieres contarle a la gente
sobre la energía?
Estos son algunos consejos para empezar.

"Trabajo en el Museo Postal Nacional. Una de las cosas sobre las que investigo y escribo es la historia del correo ferroviario. Era la forma más rápida de llevar el correo de la costa este a la costa oeste de Estados Unidos a mediados del siglo xix. Estudio la ciencia de la energía del vapor. También estudio la historia de los objetos impulsados con vapor. El conocimiento de la historia es importante para mi trabajo". *—Nancy Hope, historiadora y curadora*

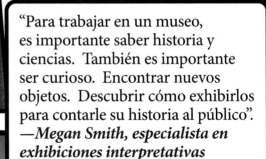

"Para trabajar en un museo, es importante saber historia y ciencias. También es importante ser curioso. Encontrar nuevos objetos. Descubrir cómo exhibirlos para contarle su historia al público". *—Megan Smith, especialista en exhibiciones interpretativas*